Vente du Samedi 26 Avril 1873.

SALLE N° 3.

*Collection de M. D. de L****

TABLEAUX

QUATRE SWEBACH IMPORTANTS

H. BELLANGÉ,	GRANET,	VAN GOYEN,
FR. BOUCHER,	GUILLEMIN,	OMMEGANCK,
CHARLET,	JACQUAND,	FRAGONARD,
DEMARNE,	TAUNAY,	C. VERNET.

DESSIN PAR COCHIN — GOUACHES ET AQUARELLES

EXPOSITION PUBLIQUE : Le Vendredi 25 Avril 1873.

M⁰ BARIZEL,	MM. DHIOS et GEORGE,
COMMISSAIRE-PRISEUR	EXPERTS
7, passage Saulnier.	33, rue Lepeletier.

EXEMPLAIRE DE DHIOS

CATALOGUE

DES

TABLEAUX

Composant la Collection de M. D. de L***

Quatre Swebach importants
Trois De Marne — Deux Taunay

ŒUVRES REMARQUABLES

PAR

J. van Goyen,	*Charlet,*	*Granet,*
Ommeganck,	*H. Bellangé,*	*C. Vernet,*
Fr. Boucher,	*C. Jacquand,*	*Guillemin.*

DESSIN CAPITAL PAR COCHIN

GOUACHES ET AQUARELLES PAR PILS, FRAGONARD, NICOLLE, ETC.

DONT LA VENTE AUX ENCHÈRES PUBLIQUES AURA LIEU

HOTEL DROUOT, SALLE N° 3,

Le Samedi 26 Avril 1873,

A DEUX HEURES ET DEMIE.

Par le ministère de M° **BARIZEL**, Commissaire-Priseur,
7, passage Saulnier,
Assisté de MM. **DHIOS** et **GEORGE**, Experts, 33, rue Lepeletier,
Chez lesquels se trouve le présent Catalogue.

EXPOSITION PUBLIQUE: *Le Vendredi 25 Avril 1873*

DE UNE HEURE A CINQ HEURES.

CONDITIONS DE LA VENTE.

Elle sera faite au comptant.

Les adjudicataires payeront *cinq pour cent* en sus des enchères.

Paris. — Typ. Pillet fils aîné, rue des Grands-Augustins, 5.

DÉSIGNATION

École Française

BELLANGÉ (HIPPOLYTE)

1 — La Petite guerre.

Au premier plan un bataillon de zouaves qui s'élancent au pas de course dans la direction d'un mamelon défendu par de l'artillerie. Plus loin, un escadron de cuirassiers. A droite, plusieurs spectateurs, des dames, des enfants.

Signé : HTE BELLANGÉ.

Toile. Haut., 48 cent.; larg., 65 cent.

BOUCHER (FRANÇOIS)

2 — Clytie métamorphosée en Tournesol.

La fille de Thétys et de l'Océan est assise à demi nue, au pied d'un rocher tapissé de plantes grimpantes et couronné d'arbustes. La transformation s'opère, déjà les doigts de Clytie se couvrent de feuilles.

Beau tableau du maître.

Signé.

Toile. Haut., 73 cent.; larg., 86 cent.

CHARLET (L. T.)

3 — Marché aux chevaux.

On essaie des chevaux de remonte. Un homme ceint d'une écharpe rouge, sorte de commissaire du champ de course, un fouet d'une main, agitant de l'autre son bonnet, donne le signal du départ. Deux valets d'écurie lancent leurs montures ; l'un d'eux est sur un cheval blanc, rétif, qu'il frappe à grands coups de cravache. Un hussard, qui s'entretient avec un homme enveloppé d'un manteau, et trois cavaliers, maquignons et villageois, assistent curieusement à cette scène, à quelque distance des tentes dressées en plein vent. D'autres personnages, petit garçon retenant son chien, bourgeois en promenade, etc., complètent cette agréable composition, pleine de verve et d'une superbe facture.

Œuvre très-remarquable.

Signé en bas à gauche : CHARLET.

Toile. Haut., 46 cent.; larg., 66 cent.

DE MARNE (JEAN-LOUIS)

4 — La Fontaine gothique.

Sur une route plantée de grands arbres cheminent un paysan et une femme montée sur un âne, et précédés d'une chèvre et de quatre vaches. A gauche, au bord de la route, un troupeau d'oies ; un homme à cheval et une femme appuyée sur une vache sont arrêtés à une fontaine de style ogival.

Toile. Haut., 32 cent.; larg., 40 cent.

DE MARNE (J. L.)

5 — Halte auprès d'une source.

A droite, deux villageoises emplissent un seau à une
source ombragée d'arbres. Un homme a puisé de l'eau
dans son chapeau et fait boire une vieille femme assise
sur un âne. Près de ce groupe deux vaches, une
chèvre et des moutons. A gauche une rivière que tra-
versent à gué un paysan et une femme montée sur un
âne.

Toile. Haut., 24 cent.; larg., 32 cent.

DE MARNE (J. L.)

6 — L'Abreuvoir.

Un homme élève dans ses bras un petit garçon et le
présente à une femme montée sur un âne. Auprès
d'eux, une vache qui s'abreuve dans une auge, une
chèvre et trois moutons. A gauche, au second plan,
on aperçoit un cavalier et une bergère conduisant un
troupeau sur le bord d'un étang.

Signé : DE MARNE.

Toile. Haut., 33 cent.; larg., 41 cent.

DROUAIS

7 — Portrait de jeune fille.

En buste, vue de face, un ruban rose autour du cou;
robe rose décolletée.

Toile. Haut., 46 cent.; larg., 38 cent.

DUPLESSIS (J. M.)

8 — Hussard monté sur un cheval alezan et tenant un cheval blanc par la bride.

Bois. Haut., 16 cent.; larg., 21 cent.

9 — Hussard à cheval et tambour.
Pendant du précédent.

FRAGONARD (HONORÉ)

10 — Jeune femme en robe blanche et mantille de soie noire, assise dans un parc, auprès d'une source, et tenant un petit chien en laisse.

Délicieux petit tableau, peint sous l'impression des œuvres de Watteau.

Bois. Haut.,15 cent.; larg., 12 cent.

FRÉUDEBERG (S.)

11 — Jeunes femmes dans un parc.

Deux dames de distinction, revêtues d'élégantes toilettes du temps de Louis XVI, l'une debout, l'autre assise, ayant auprès d'elle un petit garçon qui lui présente une fleur.

Petite toile pleine de coquetterie; les figures ont une

allure très-distinguée. Les costumes sont charmants et
de la plus grande fidélité.

Toile. Haut., 36 cent.; larg., 29 cent.

GORP (VAN)

12 — La Tasse de thé.

Bois. Haut., 32 cent.; larg., 17 cent.

GRANET (F. M.)

13 — Intérieur d'église.

Vue intérieure d'une pauvre église de campagne au
plafond formé de poutrelles et de solives, aux murs
blanchis à la chaux, sans aucun ornement. A droite et
à gauche sont rangés les fidèles dans des stalles de bois
blanc. Dans le fond le chœur en pleine lumière avec
un chantre au lutrin, le suisse debout tenant sa halle-
barde, des thuriféraires et le prêtre officiant à l'autel.

Œuvre remarquable du maître, par sa facture ma-
gistrale, la puissance de l'effet, la beauté et la vigueur
du coloris.

Signé et daté.

Toile. Haut., 65 cent.; larg., 53 cent.

GRANET

14 — La Prise de voile.

Cette cérémonie a lieu dans l'intérieur d'une cha-
pelle de couvent, éclairée par une fenêtre à ogive.

Haut., 28 cent.; larg., 23 cent.

GUILLEMIN (A.)

15 — La Prière.

Une mère de famille fait réciter la prière à ses deux enfants, un petit garçon qu'elle tient dans ses bras et une jeune fille agenouillée devant elle.

Bois Haut., 36 cent.; larg., 25 cent.

JACQUAND (CLAUDIUS)

16 — Vert-Vert.

Sujet tiré du poëme de Gresset.
Signé et daté **1834**.

Toile. Haut., 62 cent.; larg., 52 cent.

MICHEL

17 — Cabane et terrains sablonneux.

Toile. Haut.. 46 cent.; larg., 55 cent

MICHEL

18 — Le Chasseur.

Petite esquisse.

PARROCEL (CHARLES)

19 — Soldat à cheval.

Toile. Haut., 30 cent.; larg., 25 cent.

SWEBACH

20 — Marche d'armée.

Des soldats de toutes armes, fantassins et cavaliers, des équipages militaires, des mulets chargés, suivent une route à travers un pays boisé. A gauche, sur le second plan, on aperçoit un commandant suivi de son état-major.

Tableau capital, d'une belle qualité et signé à droite sur une tente : SWEBACH, 1812.

Bois. Haut., 26 cent. 1/2 ; larg., 59 cent.

SWEBACH

21 — Chasse au cerf.

Dans une vallée fertile, arrosée par un fleuve, des cavaliers et des amazones courent un cerf qui, suivi de près par la meute, vient de se jeter à l'eau, et s'efforce de gagner l'autre rive à la nage.

Les personnages et les chevaux, d'une petite dimension, sont correctement dessinés et peints avec esprit.

Bois. Haut., 26 cent.; larg., 54 cent.

. SWEBACH

22 — Campement de troupe.

Dans un site boisé, autour d'une grange construite en planches, des soldats ont dressé leurs tentes. Jolie composition avec seize figures, quatre chevaux et un chien.

Toile. Haut., 32 cent.; larg., 40 cent.

SWEBACH

23 — Convoi militaire.

Un convoi militaire est arrêté devant une ferme, sur une route qui longe une rivière.

Signé à gauche sur un poteau: Swb.

Bois. Haut., 24 cent.; larg., 47 cent.

TAUNAY (N. A.)

24 — Marche d'animaux.

Un pâtre enveloppé dans son manteau et une femme montée sur un âne descendent, avec un troupeau de vaches et de moutons, le versant d'une colline sur laquelle s'élèvent diverses constructions italiennes environnées d'arbres.

Production hors ligne dans l'œuvre de Taunay, bien composée et d'un pinceau moelleux, digne des grands maîtres de la Hollande.

Haut., 23 cent.; larg., 30 cent.

TAUNAY (N. A.)

25 — Une Ambulance.

Une sœur de charité et des infirmiers donnent les premiers soins à un homme blessé à la jambe que l'on vient d'apporter sur un brancard.

Beau tableau de l'artiste, d'un pinceau spirituel et d'une coloration argentine.

Haut., 26 cent.; larg., 32 cent.

VERNET (CARLE)

26 — Mameluk tenant son cheval par la bride.

Toile. Haut., 65 cent.; larg., 82 cent.

WATTEAU (DE LILLE)

27 — Les Délassements des bergers.

Bois. Haut., 26 cent.; larg., 33 cent.

28 — Danse champêtre.

Bois. Haut., 26 cent. larg., 33 cent.

Écoles Hollandaise & Flamande

CARRÉ (MICHEL)

29 — Marche d'animaux.

Une villageoise montée sur un âne conduit un troupeau de vaches, de moutons et de chèvres; à droite une campagne montagneuse et boisée.

Toile. Haut., 47 cent.; larg., 55 cent.

CROOS (A. VAN)

30 — Canal de Hollande.

Des pêcheurs jetant leurs filets, des joueurs de boules installés auprès d'un bouquet d'arbres animent le premier plan. Sur l'autre rive, au second plan, un pont de briques à deux arches et un village dont les habitations sont entourées d'arbres.

Petit tableau, très-fin et d'une grande vérité d'aspect.

Signé en toutes lettres et daté 1660.

Bois. Haut., 37 cent.; larg., 33 cent.

DU JARDIN (Attribué à KAREL)

31 — Cour d'hôtellerie.

A gauche, des paysans dansent au son de la flûte. A droite, au pied des murs d'un couvent, une charrette attelée de bœufs, un âne, et des chèvres couchées.

Toile. Haut., 66 cent.; larg., 54 cent.

GOYEN (JAN VAN)

32 — Le Poste des douaniers.

Ce poste est établi dans une construction pittoresque, sorte de tour carrée à toiture pointue, élevée à l'extrémité d'une jetée sur pilotis qui s'avance dans la mer. Autour du poste sont groupés les douaniers ;

l'un d'eux est assis auprès d'une guérite. A gauche, des barques dans la mer; à l'horizon, un village et son clocher.

Coloris blond et clair, exécution à la fois vive, ferme et spirituelle. Très-belle qualité.

Signé des initiales G. V.

Bois. Haut., 35 cent.; larg., 49 cent.

GOYEN (JAN VAN)

33 — Habitations rustiques sur la lisière d'un bois.

Bois. Haut., 59 cent.; larg., 81 cent.

GOYEN (JAN VAN)

34 — Marine.

Barques de pêche et batelets sur une mer calme, auprès d'une digue protégée par des pilotis.

Bois. Haut., 23 cent.; larg., 32 cent.

HONDEKOETER (GILLES DE)

35 — Oiseaux de basse-cour.

Bois. Haut., 32 cent.; larg., 42 cent.

OMMEGANCK (BALTHAZAR PAUL)

36 — Pâturage.

Au premier plan, plusieurs moutons couchés et un

jeune pâtre endormi à l'ombre d'un arbre. Au second plan une chèvre sur un tertre, un âne, deux chèvres et un mouton dans une prairie.

Agréable tableau de l'artiste, d'un effet des plus séduisants.

Signé à droite en bas.

Bois. Haut., 41 cent.; larg., 52 cent.

OMMEGANCK (B. P.)

37 — **Paysage avec figures et animaux.**

Pâtre gardant des moutons, âne au repos. Haquet traîné par un bœuf et cavalier sur une route, etc.

Signé en toutes lettres et daté 1781.

Haut., 40 cent.; larg., 57 cent.

VRIES (DE)

38 — **Paysage.**

Canal de Hollande bordé par des constructions entourées d'arbres.

Bois forme ovale. Haut., 31 cent.; larg., 41 cent.

WETT (DE)

39 — **Le frappement du rocher.**

Bois. Haut., 70 cent.; larg., 84 cent.

Dessins, Gouaches, Aquarelles

BROCHART (c.)

40 — Jeune fille lisant une chanson.

Pastel de forme ovale.

Haut., 73 cent.; larg., 58 cent.

COCHIN (c. N.)

41 — Fête donnée en 1754, à l'occasion de la naissance du fils de Louis, dauphin de France.

Un arc de triomphe s'élève entre des constructions provisoires d'une riche architecture. L'avant-plan est animé d'une foule de personnages de qualité qui circulent autour de deux pièces d'eau.

Dessin capital, avec les armes de France. A droite en bas on lit :

Dessiné par C. N. Cochin le fils, 1754.

FRAGONARD

42 — La fontaine de l'Amour.

Une jeune femme en toilette élégante du temps de Louis XVI, est assise sur un banc dans un parc et contemple un groupe en marbre, Vénus caressant l'Amour, qui surmonte une fontaine.

LAWREINCE

43 — Types de Parisiens.

Gouache.

NICOLLE

44 — Château-fort au bord de la mer; Naples.

Aquarelle.

NICOLLE

45 — Vue de la Place et de l'Ecole Saint-Fantin, à Venise.

46 — Vue de l'extrémité occidentale du Jardin Barberini, à Rome.

PILS

47 — Artilleurs au pansage.

Aquarelle.